かんたんでおいしい

砂糖なしおやつ

山田奈美

小学館

はじめに

砂糖をとらない食生活になって十数年になります。中医学を学び、砂糖は体を冷やし、血のめぐりや胃の働きを悪くしたり、むくみやすくする作用があることに気づいたからです。とくに精製された白砂糖は中毒性が高く、体内のミネラルが奪われてバランスを崩しやすくなります。

以前は冷え性がひどいうえ、胃がもたれやすく、疲れやすかったり、謎の湿疹ができたりとなんとなく不調を抱えていたのですが、それが砂糖をやめた結果、一切なくなりました。砂糖だけでなく、油を替えたり、小麦粉をできるだけ控えたり、使う場合は小麦粉の種類を選んだりしたことも影響していると思います。冷えはなくなり、体は軽く、疲れにくくなり、若い頃よりもずっと元気になりました。

とはいえ、甘いスイーツは大好き！　砂糖なしでも甘くて満足度の高いおやつは作れないだろうか。そうして十数年かけて試行錯誤してきた結果がこの一冊にまとまりました。

砂糖をやめれば、素材そのものの味がちゃんと分かって、甘さ控えめでも十分満足できるおやつになります。甘いおやつなのに、罪悪感なく食べられますし、何より食べても体が重くなったり胃がもたれたりすることがありません。こんないいことってないと思いませんか。さぁ、一緒に砂糖なしおやつ生活、始めませんか！

3つの甘み

砂糖には甘さを足すだけでなく、生地をふくらませたり、やわらかな質感を保ったり、おいしそうな焼き色をつけたりと、お菓子を作るうえで重要な働きがたくさんあります。

でも、血糖値の上がり下がりが激しかったり、体内の悪玉菌のエサになりやすかったりと、体にとってはデメリットも大きいもの。

砂糖を使わずに、甘いおやつを食べたい！　体に負担をかけない甘みとは？　と、あれこれ試した結果、砂糖の代わりになる甘みとして、主にはちみつ、みりん、甘酒の３つを使うようになりました。

選択の理由は、体に負担となる「血糖値の上下動が穏やか」で、悪玉菌の大好物である「ショ糖の含有量が少ない」ことです。精製度を抑えた粗製糖やさとう大根を原料とする甜菜糖、またメープルシロップやココナッツシュガーは、血糖値の上下動は砂糖類より緩やかですが、ショ糖の含有量は高めです。

一方、はちみつは古くから胃の薬とされ、皮膚や肺を潤して咳を止めたり、便通をよくするなどの働きがあるとされます。甘酒やみりんは、米や米麹、焼酎などを利用して発酵させたものですから、血糖値の上昇は緩やかで、ショ糖も含みません。ただし、砂糖や果糖ブドウ糖液糖などを添加したものもあるので、選ぶときは原材料を確認してください。その他、デーツや干し柿、レーズンなどのドライフルーツや、りんごジュースなども砂糖の代わりによく利用します。

いずれも甘くて体に負担が少なく、砂糖なしでも十分においしいおやつができますよ。

はちみつ

はちみつは種類によって成分が異なり、クセがなく香りも穏やかで使いやすいアカシア蜜を愛用。

甘酒

飲む点滴といわれ栄養価が高い。米麹と水だけで作ったものが、粘度が低くお菓子に使いやすい。

みりん

もち米と米麹、焼酎を原料にした本みりんを使用。糖類を添加したみりん風調味料もあるので注意。

道具と材料

砂糖なしの体にやさしいおやつは
他の材料にもこだわりたいもの。
道具の選び方ひとつで
仕上がりも変わりますよ。

金属の型

型は銅やスチール、アルミなどの金属製を利用しています。熱伝導がよく、焼きムラが少ないうえ、きれいな焼き色がつきます。生地もはがれやすいです。

オーブンシート

使い捨てのオーブンペーパーは使わず、洗って繰り返し使えるグラスファイバー製やシリコン製のものを使用しています。あらかじめ型紙を作っておけば、使うたびに型に合わせて切る必要もありません。これもお菓子作りのハードルを下げる大きなポイント。

米油

油は圧搾搾りの米油を使用しています。ほんのり甘みがあって、さっぱりと軽いのでお菓子作りに最適です。

バニラエクストラクト

バニラエッセンスは人工的な香料を添加したものがほとんど。天然のバニラをアルコールに漬けて香りを抽出したエクストラクトがおすすめ。

米粉

本書ではほとんどのおやつを米粉で作っています。製菓用の微粉末の米粉を選べば、小麦粉と同じように使えます。むしろ、粉をふるう必要もなく、グルグル混ぜても粘らず、小麦粉よりもずっとラクにおやつが作れます。食感はしっとりもちもち。

豆乳

成分無調整の豆乳を使用。液体材料を混ぜ合わせるときは、ボウルを油やはちみつでベタベタにしないように、まず豆乳を加えています。

ベーキングパウダー

アルミニウム不使用で、リン酸カルシウムなど添加物の少ないベーキングパウダーを選ぶようにしています。

もくじ

焼き菓子

ケーキ

15分おやつ

アジアンスイーツ

和のおやつ

この本のお約束

- 計量単位は1カップ＝200ml、大さじ1＝15ml、小さじ1＝5mlです。
- オーブンや魚焼きグリルの焼き時間は目安です。種類によって違いがあるので、各家庭のオーブン、魚焼きグリルに合わせて焼き時間を調整してください。
- 材料は種類や季節によって水分量が変わるものがあります。生地感をみながら水分量を調整してください。
- 15分おやつは冷やす時間は除きます。
- 1歳未満の乳児にははちみつを与えないでください。

焼き菓子

baked goods

オートミールクッキー

材料（直径5cmで10枚分程度）

A
- 豆乳……20g
- はちみつ……20g
- 甘酒……20g
- 米油……20g
- 塩……少々

B
- オートミール……70g
- 米粉……20g
- 片栗粉……20g
- シナモンパウダー……小さじ1/2
- クローブパウダー……少々

作り方

1 Aをボウルに入れて、とろりと乳化するまで泡立て器でしっかり混ぜる。

2 1にBを加えてヘラでよく混ぜる。

3 ひとかたまりになったらオーブンシートを敷いた天板に10等分に丸めて並べ、手のひらでギュッと押して5mm程度の厚さに伸ばす。160℃に予熱したオーブンで20〜25分焼く。

ドライフルーツのドロップクッキー

材料（手でギュッと握ったサイズで15枚分程度）

- お好みのドライフルーツとナッツ……合わせて100g
- 米粉……150g
- 米油……50g
- 塩……ひとつまみ
- 豆乳……70g

作り方

1 ドライフルーツとナッツをざく切りにする。

2 大きいボウルに刻んだドライフルーツ、米粉、米油、塩を加えて手ですり混ぜる。刻んだナッツも加えて混ぜ合わせる。

3 豆乳を少しずつ加えてひとまとめにする。15等分にして手でギュッと握り、オーブンシートを敷いた天板に並べる。180℃に予熱したオーブンで20〜25分焼く。

ナッツやドライフルーツなどの副材料を加えると、米粉のクッキーが硬くなるのを防げます。甘みや食感もアップ。型がなくても手でギュッと成形できます。

ドライフルーツのドロップクッキー

オートミールクッキー

プレーンマフィン

ココア&
ココナッツマフィン

プレーンマフィン

材料（直径5cm×6個分）

A
- 豆乳……120g
- はちみつ……30g
- 米油……30g

B
- 米粉……120g
- ベーキングパウダー……小さじ1
- 重曹……小さじ1/2

レモン汁……10g

作り方

1 Aをボウルに入れて、とろりとするまで泡立て器でしっかり混ぜ合わせる。

2 1にBを順番に入れて、ヘラで艶が出るまでしっかり混ぜる。

3 レモン汁を加えて手早く混ぜ合わせ、型に入れる。180℃に予熱したオーブンで15〜20分焼く。

米粉はしっかり混ぜるほど、ふわっと上手に焼き上がる。

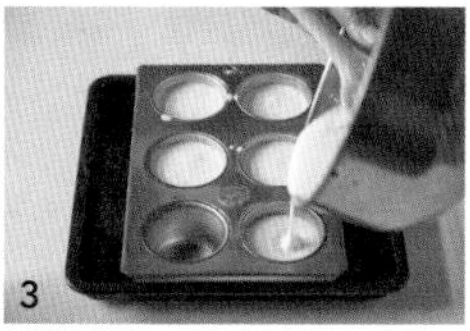

レモンの酸と重曹などが反応を始める前に素早く型に流し入れる。

ココア&ココナッツマフィン

材料（直径5cm×6個分）

A
- プレーンマフィンと同じ

B
- 米粉……110g
- ココアパウダー……10g
- ベーキングパウダー……小さじ1
- 重曹……小さじ1/2

レモン汁……10g

C
- はちみつ……7g
- レモン汁……5g
- ココナッツファイン……20g

作り方

1 プレーンマフィン1〜3と同じ。

2 焼き上がったマフィンにCのはちみつとレモン汁をよく混ぜ合わせて塗り、ココナッツファインをかけて、さらに160℃で1〜2分焼く。

ブルーベリーチーズマフィン

材料（直径5cm×6個分）

A
- 豆乳……120g
- はちみつ……30g
- 米油……30g

B
- 米粉……120g
- ベーキングパウダー……小さじ1
- 重曹……小さじ1/2

- レモン汁……10g
- ブルーベリー……40g
- クリームチーズ……20g

作り方

1 Aをボウルに入れて、とろりとするまで泡立て器でしっかり混ぜ合わせる。

2 1にBを順番に入れて、ヘラで艶が出るまでしっかり混ぜる。

3 レモン汁を加えて手早く混ぜ合わせ、型やマフィンカップに半分ほど入れる。ブルーベリーとクリームチーズを1/6ずつ加え、さらにその上から残りの生地をかぶせる。

4 180℃に予熱したオーブンで15〜20分焼く。

焼き菓子

06

いちごジャムマフィン

材料（直径5cm×6個分）

A
- 豆乳……120g
- はちみつ……30g
- 米油……30g

B
- 米粉……120g
- ベーキングパウダー……小さじ1
- 重曹……小さじ1/2

レモン汁……10g

いちごジャム（p26参照）……50g

作り方

1 Aをボウルに入れて、とろりとするまで泡立て器でしっかり混ぜ合わせる。

2 1にBを順番に入れて、ヘラで艶が出るまでしっかり混ぜる。

3 レモン汁を加えて手早く混ぜ合わせ、型やマフィンカップに半分ほど入れる。いちごジャムを1/6ずつ加え、さらにその上から残りの生地をかぶせる。

4 180℃に予熱したオーブンで15〜20分焼く。

型なし
りんごのタルト

タルト型がなくても大丈夫！
植物油と米粉で作る生地は、
バターを切って練り込む作業も
必要なし。りんごも生のまま
焼けば、とにかく簡単で
思い立ったらすぐ作れますよ。

材料（3〜4人分）

りんご……1個
（洋梨、いちご、ブルーベリー、いちじく、バナナなどでも）

A
- 豆乳……20g
- はちみつ……20g
- 米油……40g
- 塩……ひとつまみ
- バニラエクストラクト……少々

米粉……75g
アーモンドプードル……25g
シナモンパウダー……適量

作り方

1 Aをボウルに入れて、泡立て器でとろりと乳化するまでよく混ぜる。
2 1に米粉、アーモンドプードルを加えて、ゴムベラでよく混ぜる。ひとかたまりになったらオーブンシートなどに平らに広げる。
3 2の生地の周囲2cm程度を開けて薄くスライスしたりんごをのせ、シナモンパウダーをふる。周囲2cmの生地をリンゴにかぶせるようにたたむ。
4 160℃に予熱したオーブンで20〜25分焼く。焼き上がったら、好みではちみつ（分量外）をたらしても。

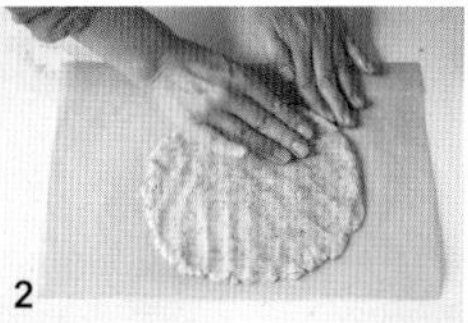
2
手のひらや指で20〜25cmぐらいの円形に押し広げればOK。

3
りんごの汁が流れ出ないよう周囲を折りたたむ。

基本のタルト生地

材料（直径15cmタルト型1台分）

A
- 豆乳…20g
- はちみつ…20g
- 米油…40g
- 塩…ひとつまみ
- バニラエクストラクト…少々

米粉…75g
アーモンドプードル…25g

作り方

1 型に薄く植物油（分量外）を塗っておく。Aをボウルに入れて、泡立て器でとろりと乳化するまでよく混ぜる。
2 1に米粉、アーモンドプードルを加えて、ゴムベラでよく混ぜる。
3 まとまったら型に隙間なく敷く。160℃に予熱したオーブンで10分ほど焼く。150℃に下げて10分ほど焼く。

フルーツタルト

材料
（直径15cmタルト型1台分）

基本のタルト生地（p19参照）
……直径15cmタルト型1台分
お好みのフルーツ（いちご、
バナナ、ブルーベリーなど）
……適量

〈アーモンドクリーム〉
絹豆腐……120g
はちみつ……30g
米粉……15g
アーモンドプードル……30g
レモン汁……10g
塩……ひとつまみ
バニラエクストラクト……少々

〈ナパージュ〉
レモン汁……15g
はちみつ……7g
水……50ml
粉寒天……1g

作り方

1 基本のタルト生地1〜3と同じ。

2 アーモンドクリームを作る。豆腐はさらしに包んで重石をし、20〜30分ほど水切りする（100gぐらいまで）。水切りした豆腐と他の材料を鍋に入れてハンドミキサーでよく撹拌する。中弱火で温めながら混ぜ、とろりと固まってきたら出来上がり。

3 タルト生地にアーモンドクリームをのせて160℃に予熱したオーブンで20分ほど焼く。

4 ナパージュを作る。小鍋にナパージュの材料を入れて混ぜ、中弱火にかける。沸いたら弱火にして1〜2分加熱する。

5 3の粗熱がとれたらカットしたフルーツをのせ、上に4を塗る。

レモンカードタルト

皮ごと使うので無農薬のレモンで作りたいタルト。
米粉と植物油の生地に流し込むだけなので簡単。
黄金色の美しい焼き色に、毎回うっとりしてしまいます。

材料（直径10cmのタルト型2台分）

基本のタルト生地（p19参照）
……直径15cmタルト型1台分
レモンカード（p27参照）……160g
レモンの皮……適量

作り方

1 基本のタルト生地1〜3と同じ。直径10cmのタルト型2台分に分けて焼く（直径15cmタルト型1台でも焼けます）。

2 タルト生地にレモンカードを敷き詰めて、160℃に予熱したオーブンで16〜18分焼く（15cm型の場合は20分ほど）。すりおろしたレモンの皮をトッピングする。

フロランタン

材料（3〜4人分）

米粉……70g
アーモンドプードル……30g
塩……少々
豆乳……20g
はちみつ……20g
米油……25g
A | ココナッツミルク……20g
　| はちみつ……20g
　| 米油……10g
　| 塩……少々
　| みりん……18g
アーモンドスライス……40g

作り方

1 米粉、アーモンドプードル、塩をボウルに入れて混ぜ合わせる。豆乳、はちみつ、米油も加えて、ヘラでよく混ぜ合わせる。
2 オーブンシートの上に1を取り出し、5mm厚さ程度に平らに伸ばし、180℃に予熱したオーブンで10分ほど焼く。
3 フライパンにAを入れて中火にかけ、とろりとして茶色くなってきたらアーモンドスライスを加えてさっと混ぜて火を止める。
4 2の上に3を平らにまんべんなく広げ、180℃に予熱したオーブンで10分ほど焼く。粗熱がとれたら好きな大きさに切り分ける（冷えすぎると硬くて切りにくくなるので注意）。

ジャムやクリームの作り方

砂糖を使わない甘みの穏やかなジャムやクリームは、いっぱいかけても軽やかです。

いちごジャム

白ワインと甘みを引き出す塩、少しのはちみつで十分おいしい。いちごの味をしっかり感じます。

材料（約65g分）

- いちご……100g
- 白ワインまたは水……大さじ1
- 塩……少々
- レモン汁……5g
- はちみつ……10g

作り方

いちごは刻んでおく。

はちみつ以外の材料を小鍋に入れて蓋をし、中弱火にかける。

いちごがやわらかくなったらヘラなどで軽くつぶす。

はちみつを加えて混ぜ合わせ、火を止める。

レモンカード

レモン果汁と皮がたっぷり入ったスプレッド。卵のコクはありますが、バターの代わりに米油を使っているのでさっぱりとした口当たりに。

材料（約160g分）

卵……1個	米油……45g
レモン汁……50g	粉寒天……0.5g
レモンの皮……1個分	はちみつ……30g

作り方

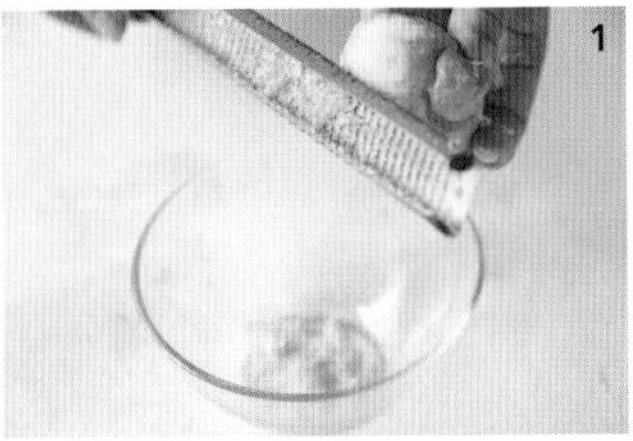

1 レモンの皮をすりおろす。

2 卵をボウルに割り入れよく溶き混ぜる。

3 小鍋に2とレモン汁、米油、粉寒天を加えてよく混ぜ合わせ、ごく弱火（または湯煎）にかけて乳化させる。

4 3にレモンの皮とはちみつを加えて混ぜ合わせる。冷蔵庫に入れて冷やすと固くなります。

豆腐クリーム

油も使わず豆腐と米粉でとろみを出したクリームは罪悪感ゼロ。
ショートケーキやタルトなどいろいろ使えます。

材料（約220g分）

絹豆腐……240g
レモン汁……20g
米粉……15g
はちみつ……30g
塩……ひとつまみ
バニラエクストラクト……少々

作り方

1 豆腐はさらしに包んで重石をし、20〜30分ほど水切りする（200〜220gぐらいまで）。

2 水切りした豆腐を鍋に入れ、他の材料を加える。

3 ハンドミキサーでよく撹拌する。

4 中弱火で温めながら木べらで混ぜ、とろりと固まってきたら出来上がり（固さは用途や好みで調整）。

ケーキ

cakes

バナナパウンドケーキ

米粉の生地にバナナを加えると、時間がたってもしっとりもちもち。甘みもほんの少しですみます。バナナのスライスをどんと上にのせて焼き上げます。

材料（17×8cmのパウンド型1台）

バナナ……2本(約150g)
豆乳……60g
はちみつ……10g
米油……30g
A
- 米粉……120g
- 塩……ひとつまみ
- シナモンパウダー……少々
- ベーキングパウダー……小さじ1
- 重曹……小さじ1/2

レモン汁……20g

作り方

1 バナナは縦1/2本分をさらに縦半分に切る。残りの1本半はざく切り（手でちぎっても）にしてボウルに入れる。
2 1のボウルに豆乳、はちみつ、米油を入れて、ハンドミキサーでバナナがなめらかになって全体がとろりとするまでよく混ぜる。
3 2にAを順番に入れ、ヘラで艶が出るまでしっかり混ぜる。
4 レモン汁を加えて手早く混ぜ合わせ、オーブンシートを敷いた型に流し入れる。バナナの薄切りをのせて、180℃に予熱したオーブンで20〜25分焼く。

キャロットケーキ

材料
（17×8cmのパウンド型1台）

にんじん……100g
豆乳……70g
はちみつ……30g
米油……30g
A
米粉……100g
アーモンドプードル……20g
塩……ひとつまみ
シナモンパウダー……少々
ナツメグパウダー……少々
ベーキングパウダー……小さじ1
重曹……小さじ1/2
くるみ……15g
レーズン……15g
レモン汁……10g

〈フロスティングクリーム〉
豆乳ヨーグルト（水切り後）……100g
豆乳……100g
粉寒天……1g
はちみつ……20g
レモン汁……5g

作り方

1 ボウルに豆乳、はちみつ、米油を加えて泡立て器でよく混ぜる。すりおろしたにんじんを加えてさらに混ぜる。

2 1にAを順番に入れ、ヘラでしっかり混ぜ合わせる。

3 2に刻んだくるみ、レーズン、レモン汁を加えて手早く混ぜ合わせ、オーブンシートを敷いた型に流し入れる。

4 180℃に予熱したオーブンで25～30分ほど焼く。型から外して冷ましておく。

5 小鍋に水切りした豆乳ヨーグルト、豆乳、粉寒天を入れて泡立て器でしっかり混ぜ合わせてから中弱火にかける。ふつふつしてきたら弱火にし、なめらかになるまで1～2分加熱する。はちみつ、レモン汁を加えて混ぜ合わせる。

6 4のケーキが冷めたら、5のクリームをトップに塗り広げる。好みで刻んだくるみ（分量外）をのせる。

ウィークエンドシトロン

材料
（17×8cmのパウンド型1台分）

豆乳……120g
はちみつ……30g
米油……30g
レモン汁……30g
レモンの皮……1/2個分
A
米粉……120g
塩……ひとつまみ
ベーキングパウダー……小さじ1
重曹……小さじ1/2
はちみつ……10g
レモン汁……7g
砂糖なしアイシング……100g
トッピングのレモンの皮……適量

作り方

1 豆乳、はちみつ、米油をボウルに入れて泡立て器でよく混ぜ合わせる。
2 レモンの皮をすりおろし、レモン汁30gと**1**に加えてさらに混ぜ合わせる。
3 **2**に**A**を順番に入れ、ヘラでしっかり混ぜ合わせてオーブンシートを敷いた型に流し入れる。180℃に予熱したオーブンで20〜25分焼く。
4 焼き上がったら粗熱をとり、上下を逆さにしてはちみつとレモン汁を混ぜ合わせたものをトップに塗る。冷めたらその上から砂糖なしアイシングをかける。好みですりおろしたレモンの皮をトッピングする。

砂糖なしアイシング

砂糖で白く固めるアイシングを砂糖なしでチャレンジ。さっぱり爽やかな自信作です。

葛粉と粉寒天でなめらかだけどしっかり固まるペーストに。

材料（約100g分）

豆乳…100g
レモン汁…10g
葛粉（または米粉）…大さじ1/2
粉寒天…0.5g
はちみつ…20g

作り方

1 豆乳、レモン汁、葛粉、粉寒天を小鍋に入れて泡立て器でよく混ぜる。
2 **1**の鍋を中弱火にかけ、絶えず混ぜながら練る。ふつふつしてきたら弱火にして、とろみがついたらはちみつを加えてしっかり混ぜ合わせて火を止める。
3 粗熱がとれたら冷めないうちにケーキにかける。

基本のスポンジケーキ

米粉のケーキは卵やバターも必要なし。
粉をふるう手間も省けます。
スポンジのような大きなケーキは
レモン汁を最後に多めに加えて、
ベーキングパウダーや重曹としっかり
反応させるのがふんわりふくらむポイントです。

材料（直径15cmホール型1台分）

豆乳……150g
はちみつ……45g
米油……60g
塩……ひとつまみ
米粉……150g
アーモンドプードル……30g
ベーキングパウダー……小さじ1+1/2
重曹……小さじ2/3
レモン汁……30g

作り方

豆乳、はちみつ、米油、塩をボウルに入れて泡立て器でよく混ぜる。

米粉、アーモンドプードルを入れてゴムベラでしっかり混ぜる。

ベーキングパウダー、重曹、レモン汁を加えて素早く混ぜ合わせて型に入れ、15cmの高さから落とす。

180°Cに予熱したオーブンで10分ほど、160°Cで20分ほど焼く。15cmの高さから落とし、逆さにして冷ます。

いちごのショートケーキ

ショートケーキのクリームは、
上からたらりと垂らせば簡単！
おうちケーキは、このぐらいの
手軽さとおおらかさがいい。

材料（直径15cmホール型1台分）

基本のスポンジケーキ（p36参照）
……1台
いちご……12個程度
（いちごのサイズで調整を）
豆腐クリーム（p28参照）……200g

作り方

1 焼き上がった基本のスポンジケーキを横半分に切り、下半分に豆腐クリームを塗る。
2 縦半分にカットした5個分のいちごを1にのせ、再び豆腐クリームを塗ってから上半分のスポンジを裏返して（カットした綺麗な面が上にくるように）のせる。
3 スポンジのトップに豆腐クリームをたっぷり塗って、側面にはヘラなどで上から垂らしていく。残りのいちごをトップに飾る。

ダブルチョコケーキ

ココアと無糖チョコのダブル使いで深みのある味わいに。
豆腐を加えることでしっとり感が持続。
ほろ苦いココアにデーツがぴったりで、甘みはこれだけで十分。

材料（直径15cmホール型1台）

デーツ……65g
無糖チョコチップ……20g
絹豆腐……150g
米油……30g
レモン汁……10g
ぬるま湯……50ml
A
- 米粉……120g
- ココアパウダー……20g
- ベーキングパウダー……小さじ1
- 重曹……小さじ1/2

作り方

1 デーツをぬるま湯に浸してやわらかくしてから刻む。浸したお湯はとっておく。無糖チョコチップは湯煎で溶かしておく。
2 豆腐、デーツ、溶かした無糖チョコチップ、デーツを浸しておいたぬるま湯、米油、レモン汁をボウルに入れて、ハンドミキサーでしっかり混ぜ合わせる。
3 2にAを順番に加えてヘラで艶が出るまでしっかり混ぜ合わせる。
4 3をオーブンシートを敷いた型に流し入れてトントンと打ち付け平らにならし、200℃に予熱したオーブンで20〜25分焼く。豆腐クリーム(p28)などを添えてもおいしい。

フルーツロールケーキ

材料
（20×20cmの天板1台分）

卵……3個
絹豆腐……75g
はちみつ……25g
塩……少々
米油……20g
米粉……50g
ベーキングパウダー
……小さじ1
豆腐クリーム（p28参照）……150g
お好みのフルーツ
（みかん、キウイ、バナナなど）
……適量

作り方

1 卵を割り、卵白と卵黄に分ける。卵白3個分は冷凍庫に15分ほど入れてよく冷やしてから、ハンドミキサーのホイッパー（泡立て）の高速で泡立てる。1分ほどでツノが立つメレンゲになる。

2 卵黄3個をボウルに入れ、豆腐、はちみつ、塩、米油を加えてハンドミキサーのホイッパーの高速にかける。

3 2に米粉とベーキングパウダーを加えて、低速で1分混ぜる。1のメレンゲも加えてヘラでさっくり混ぜる。

4 オーブンシートを敷いた天板に3を流し入れて平らにならし、180℃に予熱したオーブンで10分ほど焼く。焼き上がったら30cmほどの高さから天板ごと落として、焼き縮みを防ぐ。

5 4に濡らして硬く絞ったさらしをかぶせて、乾燥を防ぎながら冷めるまでおく。豆腐クリームを手前厚めに塗って、好みのカットしたフルーツをのせ、シートごと巻く。巻き終わったらシートでキャンディのように包み、冷蔵庫で1時間ほどおいてなじませる。

バスク風チーズケーキ

スペインのバスク地方発祥で、表面を焦がした
クリームチーズたっぷりの濃厚な味わいが特徴。
生クリームの代わりに豆乳を加えることで
さっぱりと軽やかな味わいにしています。

材料（直径15cmホール型1台）

クリームチーズ……300g
はちみつ……30g
卵……2個
豆乳……120g
米粉……15g

作り方

1 常温に戻したクリームチーズを混ぜやすい固さになるまで泡立て器で練る。はちみつを加えて艶が出てくるまでヘラでよく混ぜる。

2 1に卵を加えてしっかり混ぜる。豆乳を加えてさらに混ぜる。米粉を加えて粉っぽさがなくなって艶が出るまでしっかり混ぜる。

3 オーブンシートを敷いた型に2の生地を流し入れ、15cmほどの高さから落として空気を抜く。230℃に予熱したオーブンで30〜35分焼く。焼き上がったら型のまま粗熱をとり、冷蔵庫でしっかり冷やす。

アップルクランブルケーキ

材料（直径15cmの丸型1台）

りんご……2個
はちみつ……20g
シナモンパウダー……小さじ1/2

〈クランブル〉

米粉……50g
はちみつ……20g
米油……30g
シナモンパウダー……少々
水……5ml

作り方

1 クランブルの材料をボウルに入れ、ぱらぱらになるように手ですり混ぜておく。

2 りんごは種をとったら、6等分にし、約1cm厚さのスライスにする。

3 耐熱皿にりんごをのせ、はちみつをかけて、シナモンパウダーを全体にふりかける。

4 1のクランブルを3の表面にまんべんなくのせ、190℃に予熱したオーブンで25～30分ほど焼く。好みで豆腐クリーム（p28参照）などを添える。

魚焼きグリルで焼く

おうちおやつは、ぱぱっと手軽に作れるのが一番。しかも、せっかちなのか面倒くさがりなのか、おやつが食べたいと思ったらすぐに食べたい！　そんな要望を満たしてくれるのが魚焼きグリルです。クッキーはもちろん、パウンドケーキやマフィン、クランブルケーキなど、なんでも魚焼きグリル（両面焼き）で焼いてしまいます。庫内がコンパクトなので温度上昇が速く、あっという間に１７０℃まで上がりますし、焼成時間がオーブンの2/3ぐらいで焼き上がるのが何より嬉しい。火が近いので香ばしい焼き色がついたり、表面がパリッと焼き上がるのも気に入っています。

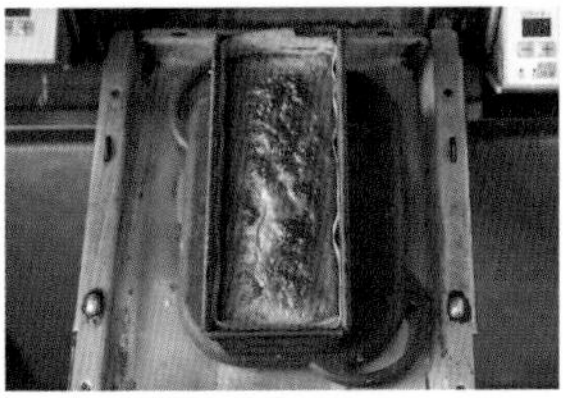

15分おやつ

cooking 15 minutes

ドライフルーツガナッシュ

材料（直径3cmで6個分程度）

ドライフルーツ
（いちじくやデーツ、レーズンなど）……合わせて100g
ナッツ（カシューナッツやアーモンドなどお好みで）
……20g
塩……少々
バナナ……1/3本
ココアパウダー……適量

作り方

1 ドライフルーツをすり鉢に入れてペースト状になるまでつぶす。ナッツは粗めに刻んでおく。バナナはざく切りにする。
2 つぶしたドライフルーツと刻んだナッツ、塩を加えてよく混ぜる。
3 2にバナナを加えてさっと混ぜ、6等分にして丸め、ココアパウダーをまぶす。

COLUMN

ドライフルーツで甘みを

砂糖の代わりの甘みにドライフルーツもよく使います。デーツにいちじく、レーズン、干し柿など、乾燥した果実は甘みも旨みも凝縮されて濃厚で、おやつの味をグッと引き上げてくれるように思います。体にも負担のない甘みです。

いちじくのパンナコッタ

材料（4〜5人分）

〈いちじくのコンポート〉
いちじく……2個
白ワイン……大さじ2
塩……少々
はちみつ……10g

豆乳……200g
ココナッツミルク……200g
塩……小さじ1/2
はちみつ……30g
バニラエクストラクト……少々
粉寒天……1g
葛粉（または米粉）……大さじ1

作り方

1 いちじくのコンポートを作る。いちじくは軸をとり、小鍋に並べる。白ワインと塩を入れて中火にかけ、3〜4分ことこと煮る。火を止めてはちみつを加え、冷蔵庫に入れて冷やしておく。
2 鍋に豆乳、ココナッツミルク、塩、はちみつ、バニラエクストラクト、粉寒天、葛粉を入れてよく混ぜ合わせる。
3 2の鍋を中火にかけ、ふつふつしてきたら少し火を弱めて3〜4分混ぜながら練る。
4 3を容器に移して冷蔵庫で冷やし固める。固まったら1のいちじくを好きなサイズに切り、コンポート液ごとのせる。

15分おやつ 03

フライパンケーキ

ぐりとぐらの絵本に出てくる
フライパンで作るケーキをイメージ。
卵と小麦粉の素朴な味わいが懐かしい。

材料（直径15cmフライパン1枚分）

卵……2個
はちみつ……40g
薄力粉……60g
豆乳……15g
米油……10g

作り方

1 ボウルに卵、はちみつを入れハンドミキサーのホイッパーで白っぽくもったりするまで約4分泡立てた後、薄力粉をふるい入れ、下からすくうようにゴムベラで混ぜる。
2 1に豆乳、米油を加え、さらに下からすくうようにゴムベラで混ぜる。
3 フライパンを中火にかけ、植物油（分量外）をひき、2の生地を流し入れる。
4 弱火にして蓋をし、表面に穴がポツポツあいてきたら返して裏も焼く。好みでバターやはちみつ（分量外）をかける。

スパイス
チョコアイス

クリーミー
ココナッツアイス

スパイスチョコアイス

材料（3〜4人分）

デーツ……40g

A
- ココアパウダー……12g
- 塩……ひとつまみ
- ココナッツミルク……90g
- 豆乳……90g
- シナモンパウダー……適量
- ナツメグ……少々
- クローブパウダー……少々

好みでカカオニブやナッツ……適量

作り方

1 デーツは粗めに刻んでおく。デーツとAをボウルに入れ、なめらかになるまでハンドミキサーにかける。

2 バットなどに移し、冷凍庫に入れる。固まってきたらスプーンなどでときどきかき混ぜ、好みの固さになったら出来上がり。好みでカカオニブや刻んだナッツをかける。

クリーミーココナッツアイス

材料（3〜4人分）

絹豆腐……200g

A
- 白練りごま……大さじ1
- ココナッツミルク……60g
- はちみつ……30g〜（好みで調整）
- 塩……少々

白炒りごま……適量

作り方

1 豆腐はさらしなどに包んで重石をし、20〜30分水切りする。

2 水切りした豆腐とAをボウルに入れ、なめらかになるまでハンドミキサーにかける。

3 バットなどに移し、冷凍庫に入れる。固まってきたらスプーンなどでときどきかき混ぜ、好みの固さになったら出来上がり。好みで白炒りごまをかける。

15分おやつ 06

ナッツバー

材料（2人分）

〈ナッツ〉
くるみ……大さじ1
アーモンド……2〜3粒
カシューナッツ……2〜3粒

ドライいちじく……1個
黒米……大さじ1
もちきび……小さじ1
黒ごま……大さじ1
塩……少々
みりん……35g

作り方

1 ナッツ類とドライいちじくを粗く刻む。

2 黒米、もちきびをフライパンに入れて黒米がはじけるまでしっかりから煎りする。黒ごまと刻んだナッツ類を加えてさらに煎る。

3 2に塩とみりん、刻んだドライいちじくを加えてよく混ぜ合わせ、ふつふつと泡立ってとろりと粘度が増すまで加熱したら、火を止めてオーブンシートを敷いたバットに流し込む。オーブンシートで包みながら形を整え、冷蔵庫で冷やし、固まったら好みの大きさに切り分ける。

15分おやつ

07

いちごのムース

材料（2人分）

いちご……100g(飾り用は別)
豆乳……50g
粉寒天……2g
葛粉(または米粉)……大さじ1
はちみつ……20g～
（好みで調整）

作り方

1 いちごは粗く刻んでおく。

2 小鍋に豆乳、粉寒天、葛粉、**1**を入れ、ハンドミキサーにかける。中弱火にかけ、沸いたら弱火にして2分以上加熱し、寒天を溶かす。

3 2の鍋に手早くはちみつを加えてよく混ぜ合わせ、容器に移して常温で固める（暑い時期は冷蔵庫で冷やし固める）。好みでいちごやミントの葉（分量外）を飾る。

巨峰のクラフティ

卵や牛乳の入った小麦粉生地にチェリーを並べて焼いたフランスの地方菓子を、甘酒や豆腐、米粉でやさしい味わいに。

フルーツはいちごやブルーベリーなどでも。

魚焼きグリルでも手軽に焼けます。

材料（3～4人分）

巨峰……10個程度（いちご、ブルーベリー、ラズベリーなどでも）
甘酒……70g
ココナッツミルク……30g
豆乳……30g
絹豆腐……100g
米粉……50g
バニラエクストラクト……少々
塩……少々
あればラム酒……少々

作り方

1 巨峰以外のすべての材料をボウルに入れて、ハンドミキサーなどでよく混ぜ合わせておく。
2 耐熱容器に植物油（分量外）を塗って1を流し入れ、巨峰をのせて200℃に予熱したオーブン、または魚焼きグリル（両面焼き）で10～15分焼く。

アジアンスイーツ

asian sweets

アジアンスイーツ
01

ベトナムチェー

豆や芋、穀類やフルーツを
ココナッツミルクと煮込んだベトナムのデザート。
栄養たっぷりのぜんざいのような味わいにほっこり。

材料（2〜3人分）

緑豆……100g
はとむぎ……大さじ1
さつまいも……120g
ココナッツミルク……300g
豆乳……300g
はちみつ……20g
塩……ひとつまみ

作り方

1 緑豆とはとむぎは洗ってたっぷりの水（分量外）に1時間以上浸けておく。さつまいもは2cm角に切る。
2 緑豆とはとむぎの水気を切って鍋に入れ、ココナッツミルクの半量と豆乳全量を入れて中火にかける。沸いてきたら弱火にし、緑豆がやわらかくなるまで煮る。
3 緑豆がホロホロしてきたら、さつまいもを入れてやわらかくなるまで煮る。
4 残りのココナッツミルクから大さじ1ほどを残し、それ以外をはちみつ、塩ひとつまみとともに鍋に入れてさっと混ぜる。
5 器に盛り、取り分けておいたココナッツミルクを上にかける。

マーラーカオ（マレーシア風カステラ）

材料（直径15cmの丸型1台分）

卵……3個
レーズン……30g（飾り用は別）
純米酢……小さじ1

A
- みりん……30g
- 味噌……15〜18g
- 豆乳……30g
- 米油……25g

B
- 米粉……100g
- ベーキングパウダー……小さじ2/3
- 重曹……小さじ2/3

作り方

1 ボウルに卵を割り入れて溶きほぐし、Aを入れて泡立て器でしっかり混ぜ合わせる。
2 1にBを入れ、泡立て器でなめらかになるまで混ぜ合わせる。
3 2にレーズンと米酢を入れて手早く混ぜ合わせ、オーブンシートを敷いた型に流し入れる。
4 3を蒸気の上がった蒸し器に入れて強火で25〜30分ほど蒸し、竹串を刺して生地がつかなければ火を止める。粗熱がとれたら型から外す。好みでレーズン（分量外）を飾る。

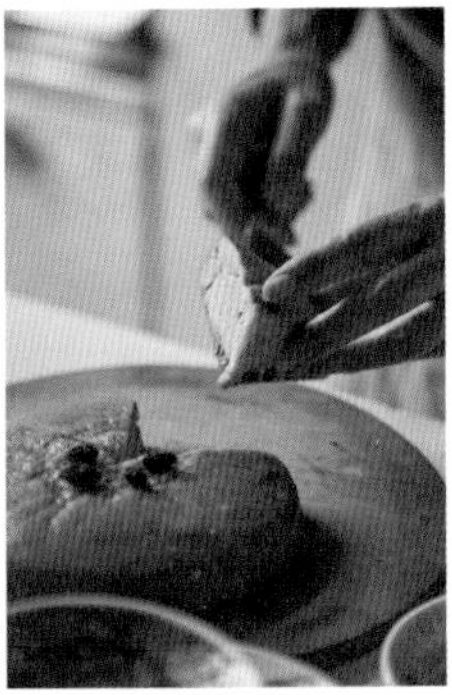

豆花（トウファ）

豆乳を固めたものにフルーツやピーナッツなどを合わせて甘いシロップをかけた台湾スイーツ。
本場では石膏粉で豆乳を凝固させますが、私はにがりで代用しています。

材料（4人分）

豆乳（大豆固形成分10％以上のもの）……250g
にがり（飲用ではなく豆腐用の
　濃度の高いもの）……2.5ml

〈シロップ〉
生姜……20g
水……600ml
はちみつ……30g〜（好みで調整）
レモン汁……5g

〈トッピング〉
ゆで小豆、落花生の甘煮、バナナ、
　クコの実……適量

作り方

1 シロップを作る。小鍋にスライスした生姜と水を入れて中火にかけ、15分ほど煮る。粗熱がとれたらはちみつとレモン汁を加えて混ぜておく。

2 にがりを耐熱ボウルに入れ、豆乳を加えて泡立て器でしっかり撹拌する。

3 2を蒸し器で20分ほど蒸し、そのまま10分放置する（蓋の水滴が落ちないように）。

4 粗熱がとれたら冷蔵庫へ入れて冷やすか、温かいままでも。大きいスプーンで薄く、広くすくって器に盛り、1のシロップをかける。好みでゆで小豆、落花生の甘煮、切ったバナナ、クコの実をトッピングする。

揚げごま団子

団子にごまをまぶして揚げた中国のお菓子。
中に入れる餡を小豆あんではなく黒ごまにすると
より手軽で濃厚な味わいになりますよ。

材料（6個分）

白玉粉……60g
豆乳……55～60g
白炒りごま……大さじ2
揚げ油……適量

〈黒ごまあん〉
黒炒りごま……大さじ2
黒練りごま……大さじ1＋1/2
はちみつ……25g

作り方

1 黒炒りごまを香りが立つまで煎った後、すり鉢に入れて細かくすり、黒練りごま、はちみつを加えて混ぜ合わせる。バットに取り出し6等分にして、丸めて冷蔵庫で冷やしておく。
2 白玉粉に豆乳を少しずつ加えてよく練り混ぜ、耳たぶくらいの固さにする。6等分して丸め、平らに伸ばして1の黒ごまあんを入れて裂け目のないように包む。
3 2の表面に白炒りごまをまんべんなくつけ、160℃の低温の油に入れる。箸で転がしながらまんべんなく火が通るように4～5分揚げる。

アジアンスイーツ
05

梨のファチェ（韓国風フルーツポンチ）

材料（2人分）

梨……1/2個
なつめ……2個
生姜……20g
水……300ml
レーズン……適量
クコの実……4個
はちみつ……20g～
（好みで調整）

作り方

1 梨は皮をむいて種をとり4等分にする。なつめは1～2cm角に切っておく。生姜は薄切りにする。
2 鍋に水と生姜を入れて煮る。生姜の香りが立ち、8割ぐらいに煮詰まったら漉す。
3 鍋に梨、なつめ、レーズン、クコの実、2を入れて4～5分煮る。火を止め、はちみつを加えて好みの甘みに調える。

香港風ソイミルクプリン

材料（2〜3人分）

豆乳（成分無調整で大豆固形成分10％以上のもの）……150g
生姜の搾り汁……小さじ2
はちみつ……20g
レモン汁……15g
クコの実……適量

作り方

1 生姜の搾り汁とはちみつ、レモン汁をよく混ぜ合わせ、2〜3人分の器に均等に入れておく。
2 鍋に豆乳を加えて弱火で鍋肌がふつふつするくらいまで温め、1の器に均等に注ぐ。
3 そのまま混ぜずに待つ。冷蔵庫で冷やしほんのり固まったら、好みでクコの実を飾る。＊本来は牛乳で作りますが、豆乳のタンパク質をレモンの酸で固めると簡単です。必ず大豆固形成分10％以上のものを選んでください。

和のおやつ

Japanese sweets

いちご大福

包むのが難しい大福は、
包まない選択もありです。
いちごが見えて見た目もかわいい！

材料（2人分）

いちご……2個
砂糖なしあんこ……70g程度
白玉粉……50g
豆乳……60g
はちみつ……15g
片栗粉……適量

作り方

1 いちごはへたをとり、上部を残して砂糖なしあんこで包む。
2 白玉粉を耐熱ボウルに入れ、豆乳を少しずつ注いでなめらかになるまで混ぜ、はちみつも加えてよく混ぜ合わせる。
3 ボウルごと蒸し器で10分ほど加熱し、艶が出るまで木べらでひとかたまりになるようよく練る。
4 まな板に片栗粉を薄く広げて3をのせ、手にも片栗粉をつけながら2等分に分けて丸め、1の下から半分ぐらいまでを包む。

砂糖なしあんこ

ドライフルーツで甘みをつければ、軽やかでもたれず、いくらでも食べられます！

材料（約600g分）

小豆…150g
ドライフルーツ
（デーツ、干し柿、いちじく、レーズンなど好みのもの）
…約120g
塩…ひとつまみ
水…400〜500ml

作り方

1 小豆は洗ってざるにあげて水気を切る。鍋にかぶる程度の水（分量外）と小豆を入れて中火にかける。沸いて2〜3分ほどしたらざるにあげて水気を切る(渋切り)。
2 再び鍋に1と水を入れて中火にかける。沸いたら弱火にし、水が少なくなったら足しながら50分〜1時間ほど炊く。
3 小豆が小指と親指の2本でつぶせるぐらいやわらかくなったら、火を止めてドライフルーツを丸のまま加える。しばらく(5分程度）おいてドライフルーツがやわらかくなったら、取り出して細かく刻む。
4 刻んだドライフルーツを鍋に戻し、かぶる程度の水（分量外）に調整して中火にかける。沸いたら弱火にして木べらでかき混ぜながら5分ほど練り、好みの固さになったら塩で味を調えて火を止める。

水から小豆が出るようになったら水を足しながら炊く。

ドライフルーツがやわらかくなったら細かく刻んで加える。

梅ヶ枝餅

福岡の太宰府名物のお餅。
香ばしく焼いた白玉粉は、外側はパリッと
内側はもちもちで後をひくおいしさです。
飛び出したあんこも焼くと絶品です。

材料（2人分）

砂糖なしあんこ（p77参照）……50g
白玉粉……50g
塩……少々
水……45ml
ごま油……大さじ1/2

作り方

1 砂糖なしあんこは2等分にして丸める。
2 白玉粉、塩をボウルに入れて混ぜ、水を少しずつ加えながら耳たぶぐらいの固さになるようにこねて2等分にして丸める。
3 手で薄く伸ばして、真ん中に砂糖なしあんこをのせて包む。手のひらで押して平らにする。
4 フライパンを中火にかけ、ごま油を入れて3をのせる。まわりに透明感が出て焼き色がつくまでじっくり焼く。裏返して同様に焼く。

こがね芋

シナモンでこがね色の皮を表現した
和風スイートポテト。さつまいもをかたどった
愛らしい形とシナモンの風味がポイントです。
さつまいもは水分の少ないホクホク系で作ってください。

材料（2人分）

さつまいも……100g
煮切りみりん……15g
シナモンパウダー……適量
みりん……少々
黒炒りごま……少々

作り方

1 さつまいもは竹串がすっと通るまでやわらかく蒸かし、皮をむいてざるで裏ごしする。
2 1に煮切ったみりんを加えてよく混ぜ、2等分してフットボール型に形を整えてから、シナモンパウダーを表面にまぶす。
3 斜め半分に切って、切り口にみりんを塗り、黒炒りごまを中央につける。
4 170℃に予熱したオーブンで表面に焼き色がつくまで4〜5分焼く。

ゆず道明寺羹

材料（3〜4個分）

ゆず……1個
道明寺粉……20g
熱湯……80〜100ml
粉寒天……2.5g
水……230ml
はちみつ……30g

作り方

1 ゆずは果汁を搾り、皮はせん切りにする。ボウルに道明寺粉と熱湯を入れて20分ほどおき、手で潰れるぐらいになるまで戻す。
2 小鍋に粉寒天と水を入れてよく混ぜ合わせ、しっかり沸いてから2分ほど加熱して寒天を溶かす。火を止めて1のゆず果汁（20ml程度）とはちみつを加える。
3 水（分量外）を張ったボウルに2の鍋を浸し、1の道明寺粉を加えてかき混ぜる。
4 3の寒天液にとろみが出て、道明寺粉が沈まなくなったら、ゆずの皮を加えてさっと混ぜ、水で濡らした型に入れて冷蔵庫で冷やし固める。好きな大きさに切って好みでゆずの皮（分量外）を飾る。

かぼちゃきんつば

材料（4〜6個分）

かぼちゃ（皮と種をとったもの）……200g
水……100ml
粉寒天……2g
煮切りみりん……35g
砂糖なしあんこ（P77参照）……40g
米油……適量

〈衣生地〉
水……35〜40ml
米粉……20〜25g
白玉粉……6〜10g

作り方

1 かぼちゃは蒸してマッシャーなどでつぶしておく。
2 鍋に水100mlと寒天を入れ中弱火にかけ、木べらで混ぜながら沸いてから1〜2分加熱して寒天をしっかり溶かす。
3 2にかぼちゃと煮切りみりんを加えて中弱火でしっかり練る。水分が減ってもったりしてきたら砂糖なしあんこを加えて混ぜ合わせ、水で濡らした型に1.5cm程度の厚さで流し入れる。冷蔵庫に入れて固まったら3×4cm位に切り分ける。
4 ボウルに衣生地の材料をすべて加えてしっかり混ぜ合わせる。
5 フライパンを弱火にかけて薄く米油をひき、3に4の衣生地をつけながら各面を焼く。

黒ごま汁粉

材料（2人分）

白玉粉……30g
豆乳……20〜30g
練り黒ごま……大さじ2＋1/2
塩……少々
水……160ml
葛粉……大さじ2(または片栗粉大さじ1)
はちみつ……20g〜(好みで調整)
好みでくるみ……適量

作り方

1 白玉粉に豆乳を少しずつ加えてよく練る。なめらかになったらひと口サイズに丸めて中央を少しへこませる。熱湯（分量外）でゆで、浮き上がって1〜2分したら冷水にとる。
2 鍋に練り黒ごま、塩、水を合わせて煮溶かす。黒ごまが溶けたら同量の水（分量外）で溶いた葛粉を加えて、中火でよく練ってとろみをつける。はちみつを加えて混ぜ合わせる。
3 器に2を注ぎ、水気を切った1の白玉団子を加える。好みで刻んだくるみを飾る。

番外編

発酵ドーナツ

ほとんどのおやつは
米粉で作りますが、
ドーナツは小麦粉で
作るのが好き。
自家製の酵母で
しっかり発酵させれば、
ふわふわのもっちもちに
揚がりますよ。

材料（6個分程度）

卵……1個
豆乳……80g
米油……10g
はちみつ……適量
きな粉……適量
ココナッツフレーク……適量
揚げ油……適量
A
強力粉……160g
薄力粉……40g
塩……3g
天然酵母(粉末)……2〜2.5g
（自家製酵母の場合16g）

指で穴を開けて、くるくる回しながら成形するのがラク。

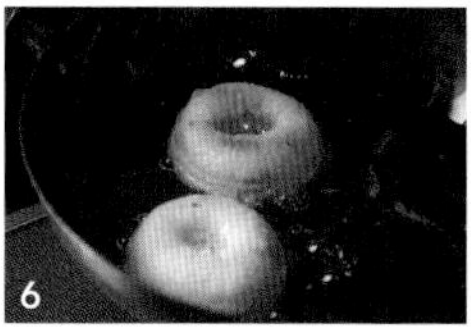

油はドーナツが半分浸かる程度が美しく仕上がる。

作り方

1 ボウルに卵を割り入れ、室温に戻した豆乳と米油を加えて泡立て器でよく混ぜる。

2 1にAを加えてヘラでなめらかになるまで練り混ぜ、ひとまとめにする。

3 乾燥しないよう蓋つきの容器に入れて、温かい場所で2倍になるまで発酵させる（使用する酵母の発酵方法に合わせて発酵させてください）。

4 3を打ち粉（分量外）をした台に取り出して6等分にし、1個ずつのサイズに切ったオーブンシートに丸め直す。

5 平らにならしてから中央に穴を開けてドーナツ型に成形する。ふきんはかけずに乾燥させながら温かい場所でふっくらするまで置いて2次発酵させる。

6 フライパンにドーナツの半分の高さの油を入れ、170℃に熱し、オーブンシートをつけたまま5を入れる。

7 途中でオーブンシートを剥がし、両面きつね色に色づいたらあげて油を切る。はちみつを全体に塗り、好みできな粉やココナッツフレークなどをまぶす。

砂糖なし暮らし

〝10時のコーヒータイムのおともはクッキー〟〝食後にはデザートがつきもの〟〝コンビニの新しいスイーツが発売されたら速攻チェック〟と、普通に砂糖の入ったスイーツを楽しんでいた私が、砂糖なし暮らしを始めて十数年。料理はもちろん、おやつ作りにも一切砂糖を使わなくなりました。

砂糖、とくに精製された白砂糖には麻薬のような中毒性があるといわれています。砂糖を断つなんて相当大変だったのでは、とよく聞かれます。でも、今思い返してみても、ものすごく我慢を強いられて辛い思いをした、なんてことはないんです。「甘いものは食べない」のではなく、「甘みを選ぶようにした」からです。食べてもいい甘みでおやつを手作りするようになったことで、それまでと変わりない甘い生活を続けることができました。

砂糖なしのきっかけは、だるい、冷え性、生理不順などの「なんとなく不調」を改善したかったこともあります。でも、大きいのは子どもの妊娠出産でした。

中医学を学んでいたことや編集・ライター

時代のさまざまな取材の過程で、砂糖のデメリットについては気づいていました。ひとつは、血糖値の上がり下がりが激しいこと。砂糖を摂取すると急激に血糖値が上がり、その上がりすぎた血糖値を下げようと、体内から大量のインスリンが分泌されます。すると今度は血糖値が急激に下がり、低血糖が起こって再び糖分が欲しくなるという悪循環に。血糖値の急激なアップダウンは血管を弱らせ、病気の一因になるとされます。感情の起伏も激しくなります。よく離乳食の頃から、甘いお菓子を口にしたり、砂糖や果糖ブドウ糖液糖などの甘味料が含まれたジュースを飲んでいる子どもを見かけますが、アレルギーが長期化したり、虫歯になったり、腸内細菌叢のバランスが崩れたりして病弱になりやすいといわれます。

　また、精製度の高い砂糖は体内で分解される過程で、体の中のカルシウムやビタミンなどを奪ってしまうともいわれます。白砂糖は、腸内の悪玉菌を増やして腸内環境を悪化させたり、口腔内の細菌のエサとなって虫歯を作りやすくします。糖反射が起こり、一時的に胃の働きが停止することも分かっています。砂糖のお菓子を食べると、胃がもたれるように感じていたのはそのせいかもしれません。さらに中医学では、体内に水分を引きとめてむくみやすくしたり、体を冷やし、血のめぐりを悪くしたり、腎の働きを抑えてしまうと

されます。

　でも、分かってはいても、甘さの誘惑に負けて、それまではついつい口にしていたのですが、子どもを授かった瞬間から、考え方が一変しました。言うまでもなく、自分の口にするものは自分だけでなく、赤ちゃんの心と体も作るもの。だったらできるだけ体によいものをとるようにしたい、加工品や添加物などと同様、砂糖もできるだけ与えないように育ててみようと決めました。

　砂糖を使わなくなった我が家では、おやつはもっぱら手作り。世の中、市販のものには大抵砂糖が入っています。だから、食べたかったら作るしかないわけです。砂糖に替えて、はちみつや甘酒、みりん、果物、ドライフルーツなどの甘みを利用して、試行錯誤しながらおやつを作るようになりました。

　大人ももちろん砂糖なし生活ですが、子どもにも砂糖を使わない理由について、1、2歳の頃からきちんと話してきました。「砂糖をいっぱい食べると、お腹を壊しやすくなっちゃうよ」とか「風邪を引きやすくなって外に遊びにいけなくなっちゃうよ」などと、1、2歳の子でも理解できるように、なるべく分かりやすく伝えてきたつもりです。安易に市販のお菓子を買ったり、常備することもないので、そもそも食べる機会がないわけですが、時には友達からお菓子をすすめられることもあります。でも、「僕、お砂糖食べないからいらない」と、自分で断っているようです。

好奇心で口にすることもありますが、砂糖の刺すような強い甘さが苦手で、ほんのひと口ふた口で、それ以上はいらないようです。だから買い物に行ってお菓子をねだられたり、駄々をこねることもないから、本当にラク。気持ちも穏やかで安定していて、イヤイヤ期もなければ、反抗的になったりすることもなく、11歳になる今まで子育てに悩むことなくきています。

　とはいえ、砂糖なしでおやつを作るのは、最初はなかなか難しいものでした。几帳面に計量するのが苦手な反面、自己流にアレンジしたり、最初から自分で生み出したりするのが好きなので、苦戦するのは目に見えています。しかも砂糖を使わないとなると…。砂糖には甘さを足すだけでなく、ふくらませたり、艶を出したりとお菓子を作るうえで重要な役割がいくつもあります。それが一切利用できないうえ、小麦粉も控えたかったので、甘くない、ふくらまない、べちょべちょする、のだめだめ三拍子。何度も失敗を重ね、ようやく素材の特性やオーブンやグリルのクセなどもつかんで、今では家族や周りにも喜んでもらえるようなおやつが作れるようになりました。

❖

最近では、「お菓子はきっちり計量しなけ

ればならない」という常識をくつがえし（笑）、生地の大体の水分量と粉の量で作っちゃうことも。でも、おうちのおやつはそのぐらいおおらかでいいと思っています。粉の量が数グラム違っても、豆乳が間違って多く入っちゃっても、だいたい合っていればちゃんと出来上がります。そして、「今日は少し水分が多めだったからしっとりしたな」とか「ふくらみが悪かったな」などと変化を楽しみ、次回への学びにつなげればいい。そうして、手作りおやつのハードルがぐっと低くなればいいなぁと思います。

　砂糖なしおやつは体に負担がなく、おいしく、そして手軽に作れるもの。この本をきっかけに、砂糖なしの体にやさしいおやつが日の目を見て、必ずしも砂糖ありきではない世の中になったら、そんな嬉しいことはありません。どうぞ自分の手で、砂糖なしおやつを作って、味わってみてください。きっと新しい魅惑の世界が広がっているはずです。

山田 奈美（やまだ なみ）

薬膳・発酵料理家。「食べごと研究所」主宰。「東京薬膳研究所」の武鈴子氏に師事し、東洋医学や薬膳理論、食養生について学ぶ。雑誌やWEB、テレビなどで発酵食や薬膳レシピの提案・解説を行うほか、神奈川県葉山町のアトリエ「古家1681」にて、「和食薬膳教室」「発酵教室」「離乳食教室」などを開催。日本の食文化を継承する活動を行っている。著書に『菌とともに生きる　発酵暮らし』（家の光協会）、『いつもの食材と調味料で体が整うごはん』（ナツメ社）、『発酵おやつ』（グラフィック社）など多数。

かんたんでおいしい

砂《さ》糖《とう》なしおやつ

2024年4月15日　初版第１刷発行

著　者　山田奈美
発行人　大澤竜二
発行所　株式会社　小学館
〒101-8001　東京都千代田区一ツ橋2-3-1
電話　03-3230-5905（編集）
03-5281-3555（販売）
印刷所　共同印刷株式会社
製本所　株式会社若林製本工場

ISBN978-4-09-311566-7

撮影 福井裕子
スタイリング 木村 遥
デザイン APRON
協力 大石裕美
調理助手 岡村 恵

制作 宮川紀穂
販売 椙野晋司
宣伝 秋山 優
編集 加治佐奈子